# LA PRISE

## DE THEOPHILE

par vn Preuost des Ma-
reschaux dans la Citadel-
le du Castellet en Picar-
die.

*Amené prisonnier en la Conciergerie
du Palais le Ieudy 28. de ce mois.*

A PARIS,

Chez Antoine Vitray, au College
sainct Michel. 1623

# LA PRISE DE
*Theophile retenu en la ville de*
*sainct Quentin.*

E mois d'Aoust dernier les Chambres du Parlement assemblees on proceda au iugement du procez de Theophile accusé d'auoir fait quantité de Vers impies contre l'honneur de Dieu, l'honnesteté ciuile, & toutes les bonnes mœurs. Il auoit esté appellé pour respondre ausdites accusations, mais le ver de sa conscience l'empescha d'y aller, quoy qu'il feist assez du resolu, & qu'il creust que le merite de son esprit estoit capable de le sauuer de

A

quelque peril que ce fuſt, s'ima-
ginant que quelques grands
chez leſquels il alloit ſouuent
manger, & qu'il entretenoit de
bons mots, auroient aſſez de credit d'empeſcher la punition des
crimes, dont il eſtoit accuſé. Sa va-
nité l'ayant touſiours porté de
croire qu'il eſtoit le Phœnix des
Poëtes de noſtre temps. Dieu qui
ſçait bien abaiſſer telles gens a tel-
lement deſſillé les yeux de ceux
meſmes chez leſquels il s'eſtimoit
le mieux venu qu'ils l'ont total-
lement abandonné : Il auoit eſté
exhorté pluſieurs fois de n'eſcrire
point comme il faiſoit des choſes
ſi horribles que les plus perdus
meſmes ne pouuoient approuuer.
Mais ſon eſprit ne pouuoir à ſon
aduis paroiſtre que par là. Le Roy
qui eſt vn Prince le mieux nay, le
plus craignant Dieu, & du meilleur

naturel du monde, luy auoit de-
fendu de le veoir s'il ne changeoit
de difcours, & apres qu'on luy eut
fait veoir quelques impietez for-
ties de fa main, le chaffa de fa pre-
fence, & le bannit de fa Cour. Cō-
me il eut perdu la veue de ce foleil
de la France, il veid qu'il falloit
moyenner fon retour, ce qu'il ne
pouuoit faire qu'en promettant
de mieux viure & n'efcrire iamais
rien qui offençaft l'honneur de
Dieu, de l'Eglife, ny des Sainɛts. Il
feit veoir le Roy par des gens de
merite & de credit, afin de faire
fupplier fa Majefté de le remettre
en fa grace, luy faire continuer fa
penfion, & luy donner moyen de
veoir quelqu'vn à qui fe reconci-
lier. Ce Prince plus aife de gaigner
vne ame à Dieu que de l'affaire
qu'il euft d'vn tel homme, apres a-
uoir efté prié par beaucoup de Sei-

gneurs qui l'asseurerent qu'il vi-
uroit mieux à l'aduenir, & qu'il di-
soit que ce qu'on le croyoit Ateiste
estoit faux. Que pour le bien mő-
strer il auoit escric vn liure de l'im-
mortalité de l'ame dans lequel il
feroit bien veoir le sentimét qu'il
a de la Religion Chrestienne. Sa
Majesté deferant à la priere de
tant de personnes de qualité ac-
corda son retour quand il auroit
veu ce liure, & recogneu ses actiós
respondre à ce qu'il en escriroit.
Theophile bien ayse de ses nouuelles se haste de faire imprimer
son liure qu'il dedie au Roy, veoid
quelques grands personnages qui
le font veoir les Iesuites, ausquels il
se confesse, & promet de tesmoi-
gner par sa vie & ses actions qu'il
y veut mourir, & que iamais il n'e-
scrira rien quisente du cőtraire. Il
rentre en la bonne grace du Roy

qui luy fait vne remonstrance sur
sa vie licencieuse, & luy proteste
que s'il descouure qu'il dise ou es-
criue iamais rien qui offence Dieu,
ou contre les bonnes mœurs il le
fera punir du dernier supplice que
meritét ceux qui comme luy font
gloire de tels discours. Vous ne
veistes iamais vn homme plus hú-
ble ny qui feist de plus belles pro-
messes, mais il comméça bien tost
de retourner à son vomissement,
& se veid aussi-tost abandonné de
Dieu qui permit qu'il le fust encor
du Roy , & de tous ceux qui le
voyòiét de bó œil, & qui esperoiét
vne veritable conuersion de luy.
Ses vers le feirent tenir pour vn
vray Atheiste, & donnerent sub-
iect à Messieurs de la Cour de le
condemner d'estre bruslé tout vif
auec ses liures. L'Arrest fut donné
& executé par coustumace le 19.

Aouſt 1623. pource qu'au lieu de
ſe venir iuſtifier il s'enfuit. On feit
vn fantoſme à peu pres veſtu cṍ-
me ledit Theophile, que l'on meit
dans vn tombereau. On le mena
deuant l'Egliſe Noſtre Dame faire
l'amende honorable : puis on le
fut bruſler en la place de Greue.
Comme il eut les nouuelles de cela il s'alla jetter entre les bras de
quelqu'vn qui l'aymoit, & prit
apres le chemin de Picardie où il
demeura quelque temps. Mon-
ſieur le Procureur General auoit
eſcrit par tous les Preuoſts des Ma-
reſchaux pour le faire arreſter ſur
les chemins en quelque lieu qu'il
fuſt. Voicy donc comme il a eſté
arreſté. Ayant demeuré quelque
temps proche du Caſtellet, & s'en-
nuyant d'eſtre tant en vn lieu, il ſe
reſolut d'aller plus loin. Il part vn
matin ſur vn cheual auec vne vali-

ſe

le derniere luy, & vn petit laquay
qui le suiuoit. Vn Preuost des Ma-
reschaux qui auoit receu des let-
tres de Monsieur le Procureur General pour cela, le voyant passer
voyant qu'a peu pres il ressem-
bloit à celuy qu'on luy auoit de-
peint eut quelque soupçon que
ce pouuoit estre luy.    Theophile ayant passé quelque vingt ou
trente pas, il se retourne, ou pour
veoir si son laquais le suiuoit ou
pour quelqu'autre chose , quoy
que ce soit ce Preuost eut opinion
qu'il auoit peur de luy , & qu'il
falloit que ce fust Theophile. Il le
laisse passer, & s'en va assembler
ses archers , qu'il fait monter à
cheual auec luy puis il suit le chemin qu'il auoit veu tenir à celuy
qn'il poursuiuoit, quelque temps
apres il rencontre des paysans ausquels il demanda s'ils n'auoient

point veu vn homme de cheual
portant vne valife, & vn petit lac-
quais derriere luy. Ces hommes
luy dirent qu'ouy & qu'il eſtoit aſſez loin : le Preuoſt leur demanda
s'il ne leur auoit rien dit, ils reſ-
pondirent qu'il leur auoit demandé le chemin du Caſtelet : Le Preuoſt continua encor de leur demá-
der s'il ne leur auoit rien dit que
cela. Ils dirent que non, ſinon
qu'il leur auoit demandé s'il n'y
auoit point quelque petit ſentier
couuert, & qu'il ſeroit bien aiſe de
ne point aller par le grand chemin : mais qu'ils luy auoient reſ-
pondu qu'il y en auoit bien, mais
que difficillement le trouueroit-il
s'il n'y auoit quelqu'vn du pays qui
le conduiſiſt, & qu'il feroit beaucoup mieux de ſuiure le grád chemin, comme il feit. Le Preuoſt iugea de là qu'il falloit que ce fuſt le-

dit Theophile. Il pousse son cheual & fait aduancer ses archers auec
luy , de telle forte qu'il arriua au
Castelet presque aussi tost que luy,
& le veid entrer en la Citadelle. Il
y va tout droit & demanda le Gouuerneur , Le Gouuerneur estant
venu , le Preuost luy demanda
franchement vn nommé Thophi-
le qui venoit d'entrer , comme s'il
l'eust bien cogneu . Ce Gouuerneur soit qu'il le voulust cacher, ou
soit qu'il ne l'eust pas veu, dit qu'il
ne sçait que c'est , & qu'il n'est en-
tré personne.

Le Preuost persiste , & dit
qu'il l'a veu entrer : qu'il luy faict
commandement de par le Roy de
luy liurer, sinon qu'il luy laisse en
sa garde, & qu'il va faire son procez verbal du refus qu'il fait de luy
mettre entre les mains. Le Gouuerneur craignant d'encourir la

diſgrace de ſa Majeſté luy diſt qu'il entraſt auec ſes Archers & qu'il cherchaſt s'il le trouueroit.

Le Preuoſt laiſſe de ſes archers à la porte, & aux autres lieux qu'il iugea neceſſaires. Il alla apres cela chercher par tout, & ne le trouuant point dans le logis, il fut dans vne caſemate où il auoit fait porter des lanternes, parce qu'elles vont bien auant ſous terre. Et nottez que ledit Theophile eſtant là dedans, ſui-uoit touſiours les archers ſans eſtre recogneu. Et n'euſt eſté qu'on ap-porta de la paille allumée, on ne l'euſt que difficilement apperceu. L'ayant en fin trouué on luy de-manda ſi ce n'eſtoit pas luy qu'on appelloit Theophile, & ayant reſ-pondu qu'ouy, le Preuoſt ſe ſaiſit de luy, & luy declare qu'il le fait priſonnier du Roy. Il ſe fait aſſiſter pour le pouuoir conduire ſeure-

ment iusques à sainct Quentin où
Monsieur de Caumartin est Inten-
dant de la Iustice. Il l'interoge, &
puis il enuoye aduertir Monsieur
le Procureur General, afin de sça-
uoir ce qu'on fera pour le conduire seurement iusques dedans Paris.
Mondit sieur le Procureur General fut aussi-tost au Parlement re-
querir pour le Roy qu'on enuoyast
quelqu'vn pour l'amener. La Cour
suiuant ses conclusions ordonna
que l'Huissier de saincte Beuue
iroit assisté des archers de Monsieur deffunctis, & qu'il seroit man-
dé à tous les Preuosts des Mares-
chaux, & à tous les iuges des lieux
de leur prester main forte. Dés le
mesme iour Vendredy 22. ils parti-
rent pour l'aller querir à sainct
Quentin, d'où ils l'ont emmené
accompagnez du Preuost & des
archers qui l'auoient arresté. Ils

ont encor amené son garçon , &
les ont tous deux remis dans la
Conciergerie le Ieudy 28. Septem-
bre, sur les cinq heures du soir.

Il dit que les Iesuites sont cause de sa condemnation : Ie veux
bié croire que cela soit. Il seroit encor à desirer qu'ils fussent cause de
la condemnation de ceux qui di-
sent ou escriuent des choses sem-
blables à celles dont il est accusé.